致 羅傑・費德勒和保羅・麥卡尼，兩位讓我生活更美好的藝術家。

—— 菲利普・納斯曼

# 最盛大的運動會：不只奧運，還有關於運動的一切

作　　者　菲利普・納斯曼（Philippe Nessmann）
繪　　者　蘿拉・里昂（Laura Lion）
譯　　者　許少霏
審　　訂　林玫君 國立臺灣師範大學體育與運動科學系教授
總 編 輯　陳怡璇
副總編輯　胡儀芬
助理編輯　俞思塵
封面設計　翁秋燕
內頁排版　翁秋燕
行銷企畫　林芳如
出　　版　小木馬/遠足文化事業股份有限公司
發　　行　遠足文化事業股份有限公司（讀書共和國出版集團）
　　　　　23141新北市新店區民權路108-4號8樓
電　　話　02-22181417
E m a i l　servic@bookrep.com.tw
傳　　真　02-86671056
郵撥帳號　19504465 遠足文化事業股份有限公司
客服專線　0800-2210-29
法律顧問　華洋法律事務所　蘇文生律師
印　　製　呈靖彩藝有限公司
初版一刷　2024（民113）年7月
定　　價　450元
I S B N　978-626-98585-8-3
　　　　　978-626-98585-7-6 (EPUB)
　　　　　978-626-98585-6-9 (PDF)

國家圖書館出版品預行編目（CIP）資料

最盛大的運動會：不只奧運，還有關於運動的一切/菲利浦・納斯曼
(Philippe Nessmann)作；蘿拉・里昂(Laura Lion)繪；許少霏譯. -- 初
版. -- 新北市：小木馬, 遠足文化事業股份有限公司, 民113.07
48面；24.5x31.5公分
譯自：Il va y avoir du sport!
ISBN 978-626-98585-8-3(精裝)
1.CST: 運動 2.CST: 通俗作品
528.9　　　　　　　　　　　　　　　　113007886

Il va y avoir du sport by Philippe Nessmann & Laura Lion
© 2024 Éditions Sarbacane, Paris
This edition arranged with Éditions Sarbacane through The PaiSha Agency.
This Complex Chinese Translation copyright © 2024 LITTLE ECUS PUBLISHING, A DIVISION OF WALKERS CULTURAL ENTERPRISE LTD
All rights reserved.

# 最盛大的運動會

## 不只奧運，還有關於運動的一切

作者 **菲利浦・納斯曼**　　繪者 **蘿拉・里昂**　　譯者 **許少霏**　　審訂 **林玫君**

小木馬

# 運動是什麼？

「我星期三下午會去運動！」，「她是一名頂尖的運動員！」，「為了你的健康，你必須運動！」我們常常聽到這些話，到底什麼是「運動」？跳舞、合氣道和下棋算是運動嗎？

### 先來定義

運動，指的就是訓練身體的活動，以遊戲或比賽的形式進行，有必須遵守的規則。足球、網球、柔道、劍道和田徑都符合這些條件，不用懷疑，它們就是運動！相反的，讀一本書或者烤一個蘋果塔不算運動……**這，不會太簡單了嗎？也不一定喔！**

### 他們或許也算運動員？

合氣道是不強調勝負和競爭的武術，一位合氣道武術家算運動員嗎？那參加國際比賽的騷莎舞者呢？一個跑者每天跑 10 公里，但卻不遵守任何規則，還算是運動員嗎？一位職業撞球員呢？一位賽車手呢？棋手算嗎？

### 他、他和他，大家都是運動員

即使是棋手也是運動員，西洋棋自 1999 年就被國際奧林匹克委員會認可為真正的運動！當然，有些運動身體活動比較少，也有一些純粹是為了娛樂。**總而言之，有超過三百種活動都可以當作是運動**，從雜技運動到雪合戰都算，也包括滑板和電子競技！

## 廣受歡迎！

　　世界上最受歡迎的運動非足球莫屬，全球有近四十億的足球迷。第二、三名的運動在法國較不盛行，不過在其他地方很流行：板球和曲棍球（包括草地曲棍球和冰上曲棍球），它們各自擁有**二十億的球迷**。

## 最奇怪的運動：鴨球

很多國家都有自己的國民運動，阿根廷的國民運動是鴨球。比賽規則是分成兩隊，每隊分別有四名騎手參加，並且在足球場大小的場地上比賽，目標是將帶有把手的球丟進籃子裡。在西班牙文中帕托（le pato）是「鴨子」的意思，因為在以前運動員們丟的不是球，是死掉的鴨子……！

### 比賽現在才開始！
### (Il va y avoir du sport!)

運動場上：體育播報員用來表達兩隊正進入激戰。

日常生活中：雙方或兩個團體激烈對峙。

# 運動的誕生與消失

有些運動就如同人類的生命一樣：它們出現、發展，然後消失結束，不過也有些很古老的運動似乎是不死之身……

### 不朽的運動

運動是古希臘時代的一大盛事。他們會規劃很多不同的競賽項目，透過賽事分出勝負：跑步、跳遠、鐵餅、標槍、角力、拳擊、賽馬……希臘人也喜歡各式各樣的球類運動，不過只把它們當成娛樂活動，不具有比賽性質。

### 那些消失的運動

從中世紀到文藝復興時期，有一項風靡全歐洲的運動就是掌球。最初，掌球是用手掌把球打到對方陣營，不久後球員們開始使用手套，之後才使用球拍。這樣的活動隨後就消失了，不過它卻是很多現代運動的起源，例如巴斯克回力球或網球，網球獨特的計分方式（0，15，30，40）也是源於這種掌球活動。

**抓住球**
**(Saisir la balle au bond)**

運動場上：抓緊時機，必須在球落地之前將它打出去才會得分。

日常生活中：把握機會。

## 新興的運動

1890 年代有兩項新運動誕生於美國，它們都始於同一個原因：「天啊！外面冷死了！」

**1891 年 12 月**，由於天氣不允許在戶外進行足球跟棒球運動，體育老師詹姆斯・奈史密斯構想出一種室內運動：把球投進一個掛在 3 公尺高的木籃子裡，這就是籃球的起源。

**經歷了兩個冬天之後**，距離 15 公里遠的地方有另一位體育老師威廉・摩根，他把籃球、網球和羽球結合在一起，創造出排球。

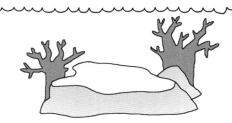

**最奇怪的運動：丟狐狸**

被圍牆包圍著的競技場內，兩名相距 6 公尺的運動員各自握住放在地上繩子的一端。這時候，一隻狐狸會被放進競技場內，當狐狸穿越繩子的時候，運動員會用力拉起繩子兩端將狐狸拋到空中，把狐狸拋到最高處的那隊就獲勝；這項盛行於 17、18 世紀的殘忍運動常導致狐狸死亡。

# 遊戲規則

為了確保一場遊戲能達到公正又有運動樂趣，所有人都必須遵守遊戲規則，即使有人會不高興也一樣，沒有人會有特殊待遇！不過規則也不會一成不變，它會發展成讓遊戲更加公平、安全或者更加精采。

## 我們就是規則！

比賽通常由裁判判定規則，這是他們經由協會所授予的權力。每一種運動，都有國家協會或國際總會等機構制定規則和組織比賽。

## 點球！有點球！！！

**裁判也是人：他也會搞錯！**

協會制定最公平的比賽規則，在足球比賽還會使用VAR（影像輔助裁判）讓裁判可以回放剛才的動作，以澄清是否有手球、越位或點球的情況。

### 拖延戰術(Jouer la montre)

運動場上：比賽結束前，領先的球隊會採取保守的防守策略，來保持比分。

日常生活中：拒絕採取行動，利用拖延的時間來爭取優勢。

**哎！哎！哎！好痛!!!**

橄欖球、拳擊和柔道不可避免的有身體接觸，為了防止嚴重的意外和衝撞，這些身體接觸必須受到規範或處罰。例如橄欖球的抱腿指的是在比賽中抱著持球員的腳使他摔倒。掐脖子或攻擊頭部都是危險動作，**這樣會被判罰。**

**天啊！太無聊了……**

運動除了必須讓人覺得參與很有趣外，也要讓人覺得觀看運動賽事很有趣。在 2023 年以前，棒球場上的投手投球時間並不限時，一場棒球比賽可以長達 3 小時。之後為了迎合觀賞節奏，投手投球**準備時間調整為 15 至 20 秒。**

啊——他作弊！

這有點太暴力了不是嗎！

是的，我會增加比賽規則。

贏了!!

嗯……這不在規則裡。

幾點了？

還有半個小時。

呼嚕……

我們晚餐要吃什麼？

誒！他用手接球。

嗶嗶！

是的……用手接球太方便了。

這隊有點太無聊了。

根本是地獄！

排球運動員很好，但是場地不對……

1、2 和 3

**最奇怪的運動：空心球**

法文稱 soule 或者 choule，是一種源自於中世紀的運動。原則很簡單：兩隊必須將球送進對方球門。規則少且變化多端：像場地大小、球員數量、比賽時長、用腳、手或棍子打球等，都因時因地而異。這項運動是現代很多具有詳細比賽規則運動的始祖，例如橄欖球、足球、曲棍球……

11

# 女性運動員！

直到20世紀初，運動還是男性的天下。女性必須自己爭取參與運動競賽的權力，這場關於偏見和不平等的戰爭還沒結束。

## 偏見！

「女性運動會變成男人婆」，「她們運動會生不出小孩！」20世紀初期，流傳著很多關於女性從事運動的無稽之談！1900年奧林匹克運動會有五項運動有女性參與，分別是網球、槌球、高爾夫、帆船及馬術。這些項目在當時是富有的人熱衷的活動，因此被認為這些活動比較像是休閒活動而不是運動競賽。

幸好，女性懂得反抗！1919年，一位法國女子愛麗絲·米莉雅特要求「讓女子田徑加入奧運！」被國際奧林匹克委員會拒絕後，她舉辦了一個和奧運一樣的賽事 —— 女子奧林匹克運動會。因為女子奧林匹克運動會舉辦得很成功，國際奧林匹克委員會還禁止她們使用「奧林匹克」一詞，最後終於在1928年阿姆斯特丹的奧林匹克運動會開放女子田徑項目。

## 一樣又不太一樣

現在，女性已經可以參與所有運動。當然，她們的肌肉組織不同於男性，雖然一位冠軍女拳擊手可以輕而易舉的把一位普通男性擊倒在地，但男拳擊手與女拳擊手之間的競賽還是沒有任何意義！

不過還是有很多混合式運動比賽：
· 男女對抗競賽：馬術⋯⋯
· 男女混合競賽：網球、羽球、桌球、冰壺、跳臺滑雪、冬季兩項（越野滑雪、射擊）、柔道、法式滾球、游泳、自行車⋯⋯

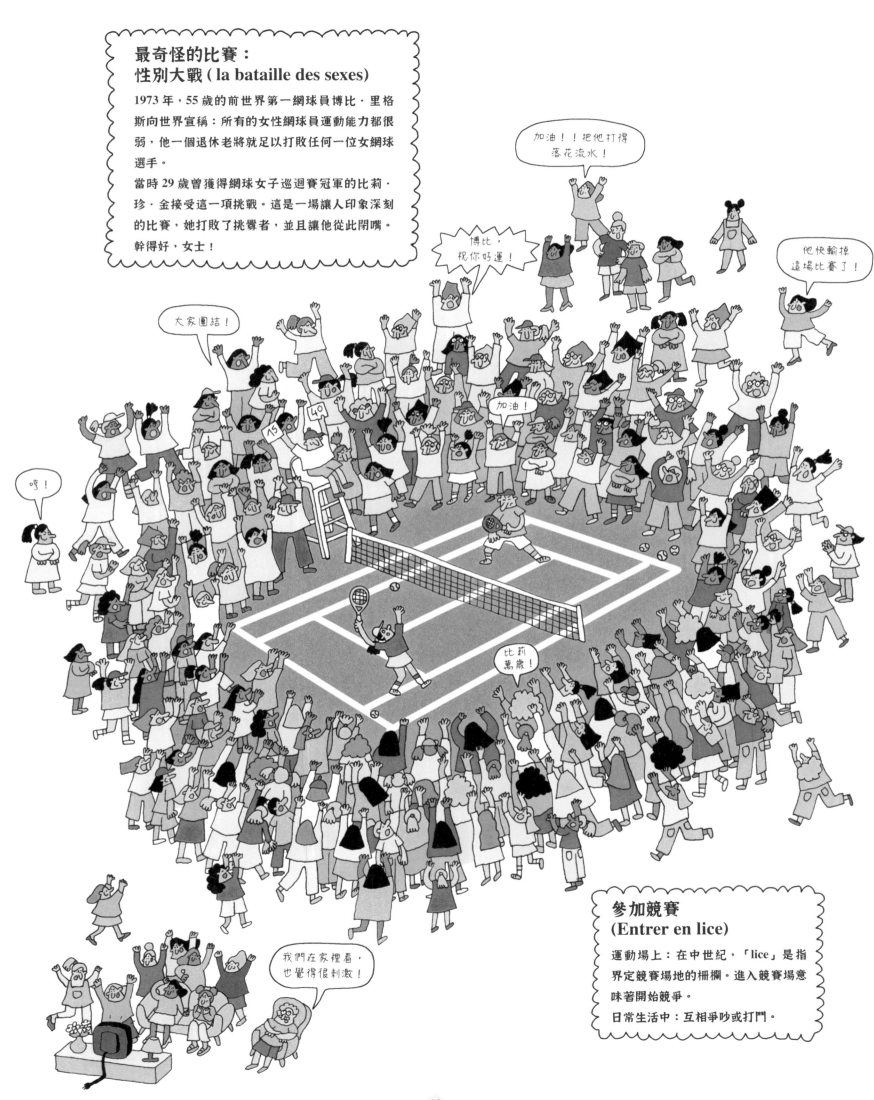

最奇怪的比賽：
性別大戰 ( la bataille des sexes)

1973 年，55 歲的前世界第一網球員博比‧里格
斯向世界宣稱：所有的女性網球員運動能力都很
弱，他一個退休老將就足以打敗任何一位女網球
選手。

當時 29 歲曾獲得網球女子巡迴賽冠軍的比莉‧
珍‧金接受這一項挑戰。這是一場讓人印象深刻
的比賽，她打敗了挑釁者，並且讓他從此閉嘴。
幹得好，女士！

參加競賽
(Entrer en lice)

運動場上：在中世紀，「lice」是指
界定競賽場地的柵欄。進入競賽場意
味著開始競爭。

日常生活中：互相爭吵或打鬥。

13

# 身強體壯

每項運動都需要特定的特質：力量、速度、耐性、細心、智力……為了得到冠軍，運動員必須鍛鍊他的體能與心理素質。

**有些運動員擁有天生適合某項運動的體質，如虎添翼！**

- **維克多·文班亞馬**，籃球員，身高 224 公分，臂長 244 公分，更接近籃框……
- **西蒙·拜爾斯**，出色的體操選手，身高 142 公分，身材嬌小適合快速旋轉。
- **伊芙·聖一馬丹**，知名賽馬騎師，51 公斤，輕如羽毛，幾乎不會阻礙他的馬跑步。
- **瑪麗一若澤·佩雷克**，被稱為「瞪羚」，短跑健將，步幅 250 公分，沒錯，她跑得超快！
- **伊恩·索普**，被稱為「魚雷」，穿著 54 號鞋的游泳健將，赤腳也如穿著蛙鞋！
- **瑪麗特·比約根**，越野滑雪運動員，她的靜止心率只有平均心率的一半，耐力持久。

但是如果一位運動員沒有艱苦的努力訓練、控制飲食和能承受失敗的堅強心智，那他就不會有所成就。

- **揚佳·甘布雷特**，超凡的攀岩登山家，每天訓練 4 至 5 小時，一週六天。
- **C 羅**，有強健肌肉的足球員，因為相信只靠天賦是不夠的，所以整天泡在健身房裡。
- **小威廉絲**，傳奇網球運動員，黑色的肌膚與強大的肌力平衡了女網的像貌。
- **讓·基康普瓦**，神槍手，具有專注力和鋼鐵般的意志力，尤其是在決賽當中。
- **珍妮·隆戈**，不會累的自行車手，健康的生活方式和有機飲食令她有持久耐力。

## 冠軍的類別

　　每位運動員的體型都不一樣，因此在拳擊、柔道、角力或舉重運動中，為了讓比賽公平，會以體重來區別參賽組別：羽量級不會對上重量級。根據一樣的原因，青少年也會依比賽項目而有不同的年齡組別，確保年齡相近的運動員能公平競爭。（註：在臺灣，通常使用under的「U」來表示某個年齡組別的上限，不同項目的年齡上限不同。）

### 猛力一擊 (Avoir du punch)

運動場上：拳擊手給出俐落且致命的一擊。（要小心，發音是「旁去（peunch）」而不是「碰去（ponch）」，後者指的是酒精性飲料，比賽時不建議飲酒……）

日常生活中：精力充沛且效率高。

### 最奇怪的比賽：相撲

相撲是一種日本運動，目標是將對手推離直徑455公分的圓形競賽場地，或者使對手的身體一部分接觸地面，腳底除外。相撲選手的特色之一是身材魁梧，平均體重160公斤。不過，相撲比賽沒有重量級別，例如100公斤的大衛可以對抗250公斤的哥利亞，大家都有機會！

15

# 身心障礙者與運動

身強體壯、四肢健全不是運動的必要條件，對身心障礙者來說，進行
體育活動甚至可以帶來好處，而且有很多身心障礙者還得到冠軍。

### 缺陷美

　　第二次世界大戰後，位於倫敦西北方有一間專門醫治脊椎受
傷士兵的醫療中心。主治醫師路德維希·古特曼認為練習桌球、
撞球、籃球或射箭，有助於半身不遂和四肢癱瘓的患者復健。
於是他組織了一些運動比賽，並在 1960 年發展成為帕拉林匹
克運動會，臺灣稱為「帕運」。

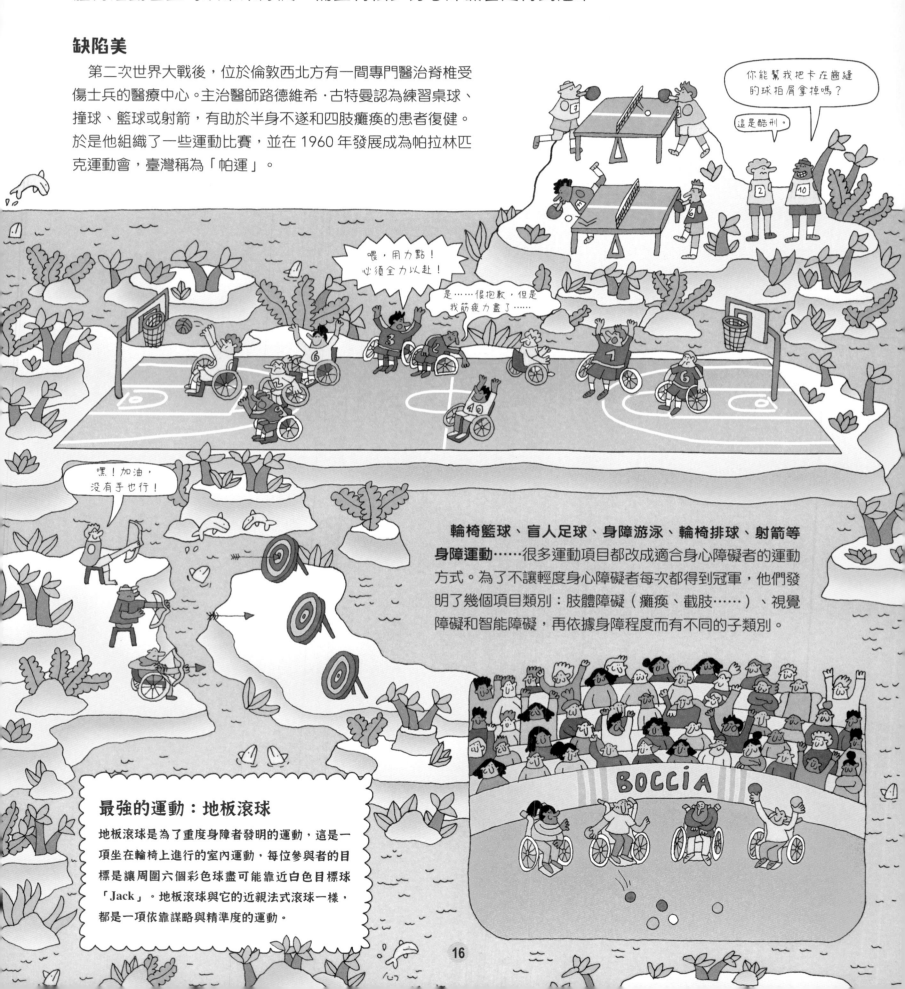

**輪椅籃球、盲人足球、身障游泳、輪椅排球、射箭等
身障運動**……很多運動項目都改成適合身心障礙者的運動
方式。為了不讓輕度身心障礙者每次都得到冠軍，他們發
明了幾個項目類別：肢體障礙（癱瘓、截肢……）、視覺
障礙和智能障礙，再依據身障程度而有不同的子類別。

### 最強的運動：地板滾球

地板滾球是為了重度身障者發明的運動，這是一
項坐在輪椅上進行的室內運動，每位參與者的目
標是讓周圍六個彩色球盡可能靠近白色目標球
「Jack」。地板滾球與它的近親法式滾球一樣，
都是一項依靠謀略與精準度的運動。

16

## 如魚得水

法國人貝特麗斯・埃斯在青少年時期知道自己得了一種罕見疾病，很快就會喪失雙腳自由行動的能力。游泳對她來說像是上天為她開的另一扇窗：「在水裡我可以自由的移動！」她拒絕被疾病打敗，逐漸愛上比賽，接受專業訓練，進步神速，贏得一次又一次的勝利！在 1984 到 2004 年間，她贏得二十六枚帕運獎牌，而且其中二十枚是金牌。

## 比奧運冠軍更快！

來自阿爾及利亞的視障選手阿卜杜勒拉蒂夫・巴卡，他有限的視力看不清 3 公尺的事物，2016 年他以 3 分 48 秒 29 的成績贏得帕運中長跑 1500 公尺冠軍。同年，美國運動員馬修・森特羅維茲比他多花了約 2 秒鐘才奪下奧林匹克運動會冠軍。

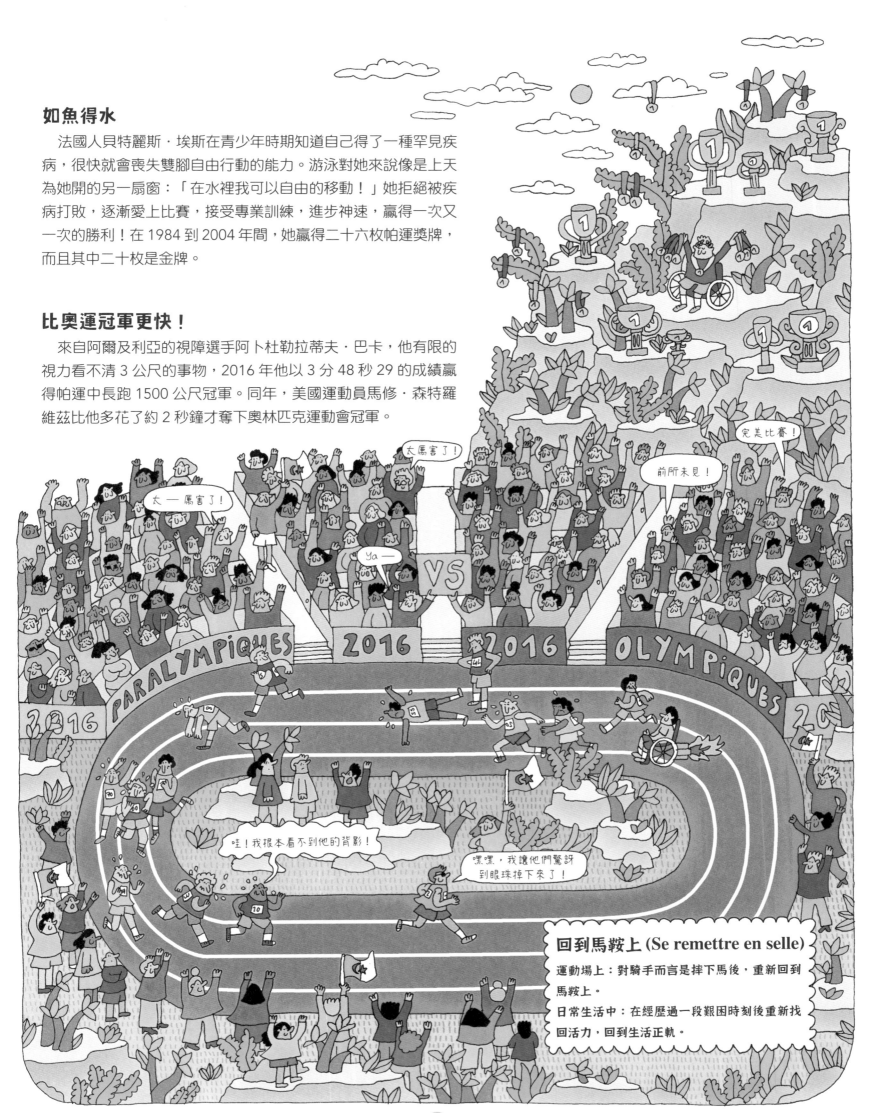

**回到馬鞍上 (Se remettre en selle)**

運動場上：對騎手而言是摔下馬後，重新回到馬鞍上。

日常生活中：在經歷過一段艱困時刻後重新找回活力，回到生活正軌。

17

# 不同的運動有各自適合的場地

每項運動都必須有適合的場地：場地大小、表面材質、運動設施、室內或室外……
想在清涼的水中運動嗎？以下是您需要知道的！

### 在大自然裡

水流湍急，酷！

有些水上運動會在激流或河水中進行，
划艇、皮艇、泛舟（在充氣船上順水流而
下）甚至溪降（在激流中游泳、滑行和潛
水）都必須在**會流動的水中**活動！划艇跟
皮艇的競賽則可以在人工河中進行。

### 在水上運動，絕不乏味！

滑水、帆船、衝浪、滑浪風帆或者
風箏衝浪（站在滑板上由風箏拉動）都
是在水面上進行的水上運動，例如：池
塘、湖泊、大海、海洋……划船則是在
大海或者水流不大的河水中進行。

### 誰能超越呢？

「旺代單人不靠岸航海賽」的參賽者，
每四年就會登上帆船離開萊薩布勒多洛
訥城市獨自環遊世界，中途**沒有補給也
不能靠岸**，直到回到原是起點的終點。

所以，世界上最大的運動場是……全
世界！

> 夥伴們，這通常是在
> 泳池進行的……

### 最奇怪的運動：水下曲棍球

深吸一口氣，然後憋住氣。水下曲棍球是由兩
組各六位泳者組成的隊伍，每位參賽者必須屏
住呼吸潛到游泳池最底部，然後用曲棍將放在
底部重約 1 公斤的圓盤推入對方球門。好啦，
結束，你可以呼吸了！

## 在游泳池裡

很多水上運動都是在人工池中進行的，例如游泳和水球（一種在水中進行的手球運動）就必須在 25 或 50 公尺長的游泳池中練習。高空跳水要從 10 公尺高的地方往下跳，避免在池底撞壞鼻子，池底至少有 5 公尺深。最後，練習潛水必須要有專門的游泳池，它深達 20 公尺，相當於一棟六層樓公寓！法國有十幾座這樣的巨型潛水池。

### 衣衫溼了
### (Mouiller le maillot)

運動場上：太過認真努力以至於汗溼衣衫（是衣衫而不是泳衣，泳衣就太容易了！）

日常生活中：全力以赴達成目標。

# 團隊精神

當我們談到團隊精神，當然會想到「團體運動」。不過，你知道嗎？
很多個人運動冠軍，例如自行車手或武術也是依靠團隊贏得比賽的！

### 我們一起玩！

**團體運動是由兩支隊伍互相對抗比賽。**

每支隊伍有兩名球員（例如沙灘排球）到十五名
球員（例如聯合式橄欖球）。每位球員都有自己擔
任的位置，例如足球、水球和曲棍球的守門員，橄
欖球的勾球員，籃球和手球的控球員，排球的舉球
員……不要忘了還有遞補選手！

冠軍是屬於全隊的，而不是單一球員！

守門員　後衛1　後衛2　阻球員　自由人　防守中場　防守中場　進攻中場　中場　第二前鋒　中鋒

**奇怪的團體運動：單車球**

單車球誕生於 1893 年（是的，就是這年！），
是一種室內足球。兩隊各有兩名球員，單車
球球員腳不可以觸地，球員必須使用輪子或
頭進球。聽起來可能不怎麼樣，但實際上很
精采！

**有些運動是個人的，有些則是團體的！**

例如自行車賽，每一年的環法自行車賽只會有一位冠軍，所以這是個人賽！但是這位冠軍是一支隊伍中的一員，在賽事期間隊員們會相互幫助，如果爆胎就和他交換自行車，透過接力讓他追上其他車手或贏得一個賽程。如果沒有隊伍中的其他成員，他不會得到冠軍。

**不輕易改變獲勝隊伍的陣容**
**(On ne change pas une équipe qui gagne)**

運動場上：當一隻隊伍正在得分，最好不要更換球隊陣容。

日常生活中：如果某事運作良好，則無需更動！

## 圍繞在冠軍周圍的人

高爾夫選手、拳擊手和網球選手，他們也需要一支隊伍嗎？如果他們想要成為厲害的冠軍，答案是肯定的！柔道選手特迪·里內有一個陪練員，他的工作就是陪伴他練習，一次又一次的被摔倒！特迪·里內還有一位教練（幫助他增強技術）、一位體能教練（幫助他增強力氣、耐力或恢復力）、一位營養師（指導他飲食來保持良好狀態）、一位經理人（負責管理比賽日程、合約、機票等）……

# 快，把服裝穿好！

滑雪鞋或馬靴、體操服或空手道服……每一種運動都有它合適的服裝，
和運動相關的競爭不只存在運動員之間，連各個運動品牌廠商也競爭激烈！

### 名牌就是你！

服裝製造商花費大量金錢設計最輕盈、舒適、耐穿且機能性強的運動服裝。為了讓大家認識他們的品牌，廠商會做廣告、請知名人士宣傳，當然還有贊助：「你這個年輕運動員名聲還不夠響亮，不過我覺得你有潛力，我會免費贊助你的服裝；而你，已是名人的冠軍，我還會付你錢請你穿我們品牌的鞋子。」一旦這位運動員或隊伍獲勝，支持他們的球迷就會買該牌子的服飾，這對服裝製造商來說也是一場勝利！

無論 Nike、Adidas 還是 Puma 都擁有良好的品牌形象，更重要的是，今天大家都在穿運動服。運動衫、籃球鞋、運動外套、緊身褲、polo 衫還有羽絨衣，這都源自於運動賽事所需，因為運動服舒適又有型，所以逐漸變成日常服裝。

### 兄弟間的比賽：艾迪對抗魯道夫

1924 年，德國一對兄弟艾迪和魯道夫開始製作運動鞋。運動員傑西·歐文斯在 1936 年柏林奧林匹克運動會奪得四面金牌時，腳上穿的就是他們設計的鞋子。但是在第二次世界大戰之後，這對兄弟鬧翻，於是艾迪用自己的名字自創品牌；魯道夫也創了一個讓人聯想到貓科動物的競爭品牌。他們的品牌名分別是 Adidas 跟 Puma。

泳衣也是科技產品？是的！
- **1924 年**，男性泳裝是連身的羊毛製品，遇溼就變得很重……
- **1972 年**，超輕合成纖維三角泳褲問世！
- **2008 年**，全身性聚氨酯連身泳裝，讓游泳選手能更輕易的在水中漂浮和滑行，選手屢創新紀錄，不過到底是因為選手厲害……還是泳裝厲害？
- **2010 年之後**，禁止穿鯊魚裝，泳衣材質必須是布料，而且不可超過肚臍和膝蓋。

## 奇裝異服俱樂部

- **菲利佩・坎代洛羅**，最愛扮成《幸運的路克》（譯註：一部以西部牛仔為主題的比利時漫畫）的滑冰選手。
- **左拉・巴德**，赤腳跑步的運動員。
- **約翰・戴利**，愛穿亮眼褲子的高爾夫選手。
  - **2014 年哥倫比亞自行車隊**，身著肉色衣，品味很特別。
  - **安托萬・格里茲曼**，擁有一千種髮型的足球員。

### 盯住內褲
### (Marquer à la culotte)

運動場上：在足球上，盯住對方就是監視他；盯住內褲是指貼身監視，雙方近到鼻子幾乎要貼到對方的衣服上了！

日常生活中：密切監視競爭對手日常，防止對手日後出其不意的行動。

# 更快！更高！更強！

即使是創造世界紀錄的冠軍，之後還是會有其他選手打破他的紀錄。尤其在日新月異的科技和新穎的運動技術之下，紀錄不斷被超越。但，紀錄是否存在不可逾越的極限？讓我們從田徑場開始找答案。

從 20 世紀初期開始，科技幫助運動員有更傑出的表現：

- **合成跑道**：一種防滑合成材料，每走一步都能輕微彈跳（在此之前，跑道是由煤渣、沙子和灰燼混合而成的）。
- **起跑架**：讓跑者有更好的起步（在此之前，運動員將腳固定在跑道上挖出的坑洞裡）。
- **玻璃纖維桿**：更輕、更靈活，也更耐用（在此之前是木桿，然後是竹竿，之後是金屬桿）。
- **先是木製標槍，然後是金屬製標槍**：隨著器具的改變，運動員投擲距離越來越遠，然而我們不能擴大運動場地也不能讓觀眾受傷。因此，1986 年改變標槍比賽的形式，為了……不要投那麼遠。

### 他們喜歡完美的飛躍

　　新的運動技術也讓得獎紀錄越來越好。1912 年，喬治‧霍林使用腹滾式跳了 2 公尺高（而且全身過桿）。在 1940 年，俯臥式（頭先過桿，肚子朝向桿子）成為主流，弗拉基米爾‧亞申科在 1978 年使用俯臥式成功跳過 2 公尺 34 公分。今天，所有運動員都使用 1968 年迪克‧福斯貝里發明的背向式（頭先過桿，然後是背）。1993 年哈維爾‧索托馬約爾，就運用這個方法，成功跳過 2 公尺 45 公分。

### 最奇怪的運動：跨河撐竿跳

荷蘭有數千公里的運河交錯，而這項運動必須過河卻不能弄溼腳。在這項傳統運動中，運動員從岸邊跑向插在運河中間的一根長竿，跳、抓、爬，然後在對岸落地，如果掉到運河就輸了。

沒有人可以只用 5 秒跑完 100 公尺，9 秒也不行。人類有極限，比賽成績也是如此！當然，運動員持續打破世界紀錄，不過新的世界紀錄也被保持得越來越久。要打破世界紀錄必須要有超強表現，尤塞恩·博爾特在 2009 年以 9 秒 58 跑完 100 公尺，成功打破世界紀錄。

### 領先一步
（Avoir une longueur d'avance）

運動場上：在比賽中（跑步、游泳……）比對手領先一步，這句話是從馬術比賽來的，指的是一匹馬的長度。

日常生活中：預先準備，以防萬一。

# 漫步在雲端

有時候，頂尖運動員會有超乎想像的表現。當他們以完美且無與倫比的姿態贏得
比賽時，我們會說他們已經進入一種忘我的境界，也有人說這是「心流」。

### 一瞬間，完美！

　　想像一下：一位運動員參加一項重要比賽，就跟平常一樣，他經
過大量訓練並要非常專注。但是，突然一瞬間，他進入了另一種狀
態。他掌握並完成一切。似乎在另一種狀態裡時間流逝得很慢，慢
得讓他有時間將動作做得完美。他如同在雲端上輕飄飄的，感覺所
向無敵。

　　而且，就在這個時候，真的沒有人是他的對手！

　　這種完美的狀態英語稱之為「流動」（flow），法語說是「境界」（zone），
中文稱為「心流」。這種無與倫比的狀態也存在團體運動中，讓全隊上下
一心，贏得每次勝利，戰無不勝。當一位冠軍感覺到這種無與倫比的境界
時，他會試圖在下一場比賽中找回這種感覺。因此，運動員會發明一些小
儀式，例如穿上第一次贏得勝利的那件衣服，或者是專注的聽同一首歌⋯⋯
有時候還真的有用！

傳奇足球員比利：「我有一種奇異的平靜感⋯⋯覺得非常放
鬆滿足，我覺得我可以跑一整天都不會累，可以帶球突破整個
球隊的防守，幾乎像是穿過他們的身體一樣。」

### 最頂尖的比賽：納迪婭・柯曼妮奇

1976 年蒙特婁奧運，14 歲的羅馬尼亞體操選手納
迪婭・柯曼妮奇，開始她的第一項賽事 —— 高低槓
體操比賽。她展演一連串流暢、快速、精確與優美
的動作，現場等待成績時，氣氛也很獨特。成績公
布了：1.0。事實上這是 10 分滿分，成績看板根本
沒有滿分的設計。接下來的幾場比賽，她屢創六次
佳績，拿回五面獎牌，其中三面是金牌。

斯特凡納·迪亞加納，退休的短跑選手：「心流是一段愉悅的時光，有強烈的歡樂感，進入心流時我們會覺得一切事情都輕而易舉，就像是動作使時間變慢了。我從來沒有在運動之外的其他地方感受過它，我相信我再也不會有這種感覺了。」

伊萬·赫林卡，捷克曲棍球隊教練，在 1998 年冬季奧運會，出乎他自己意料的奪下冠軍：「這件事很神祕，我不知道該怎麼說。我們可以在更衣室裡感覺到它，幾乎可以摸到它了，所有人都感覺到！我無法說明它從哪裡來，但它一直都在。」

零缺點 (Faire un sans faute)

運動場上：在賽馬中的障礙賽裡，當馬匹在跳躍時沒有碰倒任何一根把桿，我們稱之為零缺點。

日常生活中：完美演出。

# 滿身是傷

在歷經一再重複的撞擊後，肌肉會產生疲勞，這也是運動員所承受的大考驗。
為了預防和照護這些傷勢，一種特別的醫學因此誕生：運動醫學。

以下幾種建議：

## 職業風險

　　高山滑雪選手扭傷膝蓋、網球選手的手肘有肌腱炎、美式足球員顱骨損傷、馬術騎手會骨折……並不是所有運動員都會傷在同樣的地方！

　　在一樣時數的訓練下，程度較高的體操選手比初級體操選手更常受傷：至少九成的頂尖體操選手，每年都會有一次以上健康上的問題，而且女性體操員的傷勢通常比男性體操員更嚴重。

　　**運動醫學在此，有什麼可以為您服務的呢？** 在訓練中嗎？是的，我們會給您飲食上的建議，告訴您訓練與休息時間該如何安排，或者是幫助您保持冠軍的心態。萬一受傷了呢？我們會治療扭傷、骨折和撕裂傷。那比賽之後呢？我們會幫助您快速恢復狀態，幫您預約物理治療師進行按摩，或者是冷療，讓您全裸在零下 150 度待上 2、3 分鐘，讓你精神煥發！

1　休息
2　健康飲食
3　暖身運動
4　外科手術
5　按摩
6　冰塊浴

掌聲鼓勵鼓勵，勝利者！

可是……他把手指進我的鼻子裡……

## 最暴力的運動：潘克拉辛

潘克拉辛是古希臘最暴力的運動，它融合了裸拳拳擊和角力。腳踢、迷魂鎖等粗暴的動作都被允許，除了禁止把手指插向對方的鼻子和嘴巴，也不能咬對方和挖對方的眼睛。潘克拉辛是現代綜合格鬥（MMA，arts martiaux mixtes）的始祖。

## 最危險的運動

- **低空跳傘**：從高樓大廈、橋墩或懸崖峭壁往下跳，在開傘前體驗自由落體。
- **飛鼠裝滑翔運動**：從懸崖或飛機往下跳，因為飛鼠裝的翅膀可以讓你像蝙蝠俠般飛行，最後才拉開降落傘。
- **攀爬城市**：在沒有保護措施的情況下獨自攀爬高樓大廈外牆（是替害怕坐電梯的人發明的挑戰？）。
- **長板下坡**：在滑板上沿著山路下山，時速超過100公里！

### 認輸（Jeter l'éponge）

運動場上：在拳擊賽事中，教練會用溼海綿幫拳擊手擦臉。在以前，當教練看到運動員已經精疲力盡時，會把海綿丟向場中，然後要求裁判停止比賽。

日常生活中：放棄、停止。

29

# 從奧林匹克運動會到奧林匹克主義

奧林匹克運動會是世界上最盛大的運動賽事，這項運動賽事同時體現了運動的價值，例如自我超越與公平競爭，因此參加奧運是許多運動員的終極目標。

我宣布奧林匹克運動會正式開幕。

在古希臘，奧林匹亞是眾神的居所，每四年的 7 月為了榮耀宙斯，來自希臘各地的男人會參加運動比賽較量。這時期「奧林匹克」運動會是最大的運動賽事，最後一屆古代奧林匹克運動會是西元 393 年。將近 1500 年後，男爵皮耶・德・古柏坦希望透過運動教育年輕人，因此於 1896 年在雅典舉辦第一屆現代奧林匹克運動會（當然是在希臘！）。

### 運動與象徵

奧林匹克是運動競賽，同時也具有國際奧林匹克委員會提出的價值：卓越、友誼與尊重。這些價值的象徵是會旗，交錯的圓環代表五大洲，聖火會從希臘奧林匹亞傳遞到奧林匹克運動會主辦國，還有參與者一同遊行，而且在開幕式宣讀奧林匹克宣言。

給我

### 最奇怪的運動：一些古老遊戲

20 世紀初有一些有趣的比賽出現在奧運項目，在它們消失之前有：槍擊活企鵝（這樣不行吧？）、在沒有助跑的情況下進行跳高和跳遠、游泳障礙賽（蘭達島式 Koh Lanta，譯註：蘭達島位於泰國西海岸麻六甲海峽的一個島嶼，蘭達島式指的是團隊競賽）、拔河比賽、不使用腳只能徒手攀繩（這是一項體操比賽，展現的藝術性跟技巧性也納入評分標準）……

## 這些賽事值得舉辦嗎？

為期兩週的奧運和緊接而來的帕運，所有人的目光都在主辦城市上。巴黎、洛杉磯和倫敦三次獲得這樣的機會，雅典和東京則是兩次。不過主辦奧運是有代價的：興建運動場和選手村非常昂貴，所以有越來越多聲音反對奧運：「用這些錢解決更緊迫的問題不是更好嗎？」

田徑、游泳、籃球、擊劍、體操、射箭、角力、冰上曲棍球、馬術、自行車、羽球……有三十多項運動出現在夏季運動會上，然後有一些針對青少年的運動項目，例如霹靂舞、運動攀登、滑板和衝浪會出現在 2024 巴黎奧林匹克運動會上。

只剩幾公里！

## 奧運精神
## (Avoir une forme olympique)

運動場上：每四年舉辦一次的奧林匹克運動會聚集了最優秀的運動員，為了拿到資格，運動員們必須保持完美狀態才能贏得最後勝利。

日常生活中：身體狀況極佳且活力充沛。

來吧！

厲害！ 準備要點聖火了嗎？

ya!!

給我

ya──

ya──

來了！

我快抵達終點了！

開幕式

# 冬季奧運會

第一屆冬季奧林匹克運動會於1924年在夏慕尼舉辦，就如同它的兄弟夏季奧運會一樣，這場運動會讓一些不常被媒體關注的運動有機會出現在電視上（生活中不是只有足球！），將焦點集中於這些項目。

## 急速愛好者

- **無舵雪橇**：無舵雪橇從覆蓋著冰的水泥曲道滑下，在曲道轉彎處有升起的護欄。
- **空架雪車**：從跟無舵雪橇一樣的曲道往下滑，不過不是同一個姿勢：在無舵雪橇上是以坐姿面向前方；在空架雪車上是以頭向前的臥姿滑出。
- **有舵雪橇**：以二或四位雪橇手為一隊，從一樣的雪橇曲道滑下。無舵雪橇、空架雪車和有舵雪橇的時速可超過 120 公里。

## 特技運動員

- **跳躍特技**：滑雪者從跳板向上躍，接著翻跟斗和旋轉。
- **自由式滑雪**：在布滿雪丘的曲道上計時往下滑，中間設有兩個跳板讓滑雪者表演特技。
- **U 型池**：滑雪者從高達 6 公尺的 U 型雪坡左右滑行，表演特技。

## 最奇怪的運動：冰壺

將重達 18 公斤的冰壺往前推，然後讓冰壺滑行約 30 公尺後停在靶心。兩名手持冰刷的隊員在冰壺前方的冰面上進行不同程度的摩擦，以影響冰壺的速度和軌跡，讓冰壺抵達離靶心最近的隊伍獲勝。

加油，我們要到了！

雪丘滑雪王是誰啊！

是我！

不，是我！

掃地也是一項冬季運動？

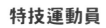

## 複合式冠軍

- **冬季兩項**：越野滑雪和步槍射擊結合的比賽，在射擊環節，每錯失一個目標物，滑雪路線就會延長。
- **北歐混合式滑雪**：先跳臺滑雪然後接續越野滑雪；參賽者穿著又長又大的滑雪板從跳臺往上躍，並且必須盡可能的跳躍出最長距離。
- **滑雪登山**：先用越野滑雪上山，接著將滑雪板背在背上步行至山頂，最後將越野滑雪板轉換成高山滑雪板後下山。

快！

太厲害！

萬歲！

來了！

障礙排除，我到了！

正中紅心！

BOBSLEIGH SKELETON

### 全速前進（Tout schuss）

運動場上：滑雪中「schuss」是指快速的往最大坡度的曲道往下滑，不煞車。全速前進（Tout schuss）指的是「一路到底！」。

日常生活中：全速前進。

33

# 運動與政治

直到20世紀中，「體育歸體育、政治歸政治」是理所當然的。不過現在，不少大型運動賽事都有轉播，因此有些人試圖利用運動賽事表達訊息。

### 當運動有政治立場

有時候運動員會參與政治活動，不過即使他們的意圖值得讚揚，運動機構通常還是會反對，認為運動應保持中立。

**1968 年奧運會**，美國短跑選手湯米·史密斯和約翰·卡洛斯站上 200 公尺賽事的頒獎臺上。當國歌響起，他們低下頭並舉起帶著黑色手套的拳頭，抗議美國社會和體育運動界對黑人的種族主義。由於奧林匹克憲章明文禁止在運動會期間的任何政治示威，因此他們被取消資格且終身禁賽。

**2022 年**在卡達舉辦的世界盃足球賽，七支參與的歐洲隊隊長決定配戴彩虹臂章，表達對因為性傾向而面臨死刑風險的同性戀者的支持，國際足球總會（FIFA）威脅制裁，讓他們不得不放棄此項計畫。

## 「最女性」的馬拉松選手：凱薩琳·斯威策

1967 年時，大部分的馬拉松比賽都禁止女性參與，因為他們覺得：「太危險！」。美國跑者凱薩琳·斯威策反駁：「胡說！」。在她的教練幫助下，她用 K.V. Switzer 的名字報名了波士頓馬拉松比賽，混在所有跑者之中。不過在 6 公里處時，馬拉松工作人員瞥見她並快速衝向她、推擠她，試圖奪取她的號碼布。在教練和男朋友的保護之下，她完成了賽事。令人震驚的襲擊照傳遍全世界……幾年之後，馬拉松比賽開放女性參與。

## 當國家力量介入時

有時候參加運動競賽是國家和體育運動機構決定的。莫斯科，蘇聯首都，是 **1980 年**奧林匹克運動會的主辦城市。不過當時幾個月之前，蘇聯入侵阿富汗，為了表示抗議，美國和六十幾個國家聯合抵制這屆奧林匹克運動會。

俄羅斯於 **2022 年**進攻烏克蘭部分地區，因此大部分運動賽事都禁止俄羅斯隊參與國際競賽作為抵制，有少部分允許他們以中立立場參賽。

### 棄權（Déclarer forfait）

運動場上：在傳統上是指馬主在最後一刻退出比賽所要繳交的罰金（forfait），宣布放棄是指不參與比賽。

日常生活中：選擇放棄。

# 這是作弊！

有些人會為了獎牌不擇手段，當天賦和努力不夠時，他們試圖違反運動規則，例如服用禁藥或作弊。

### 透過飲食增強表現？

很久很久以前，運動員就夢想這樣做：拳擊手吃公牛肉，因為公牛以力氣著名；跳遠選手吃山羊肉，因為山羊以跳躍聞名。這些都不算大事！到了 20 世紀，運動地位提升，且在科學的幫助下有了巨大的進步。為了追求更好的表現和獎金，運動員們試圖飲用化學物質來增強肌肉、幫助血液輸氧，或者減輕疼痛與疲勞。

1960 年奧運會的自行車手**克努·埃內馬克**和 1967 年環法自行車賽自行車手**湯姆·辛普森**的死亡，讓大家意識到興奮劑的危害，所以有很多產品被禁止，並發明可以從運動員的尿液和血液中檢驗這些物質的方法。不過事情並沒有結束：新的產品一直出現，而要找到合適的檢驗方式是需要時間的。況且，有些國家是共犯：俄羅斯為了讓運動員們可以在國際賽事中有亮眼的成績，三番兩次幫助運動員們服用興奮劑並且躲避檢驗，這一切都太沒有運動精神了……

### 太奇怪的紀錄：弗洛倫斯·格里菲斯-喬伊娜

1988 年美國短跑選手弗洛倫斯·格里菲斯-喬伊娜以 100 公尺 10 秒 49 和 200 公尺 21 秒 34 打破世界紀錄。不過她急遽增加的肌肉和 38 歲就突然過世的消息，讓事件籠罩著一個大疑問：她有服用興奮劑嗎？因為她從未被檢驗出陽性反應，所以她的驚人紀錄仍然保留，不過這項紀錄將永遠帶著被懷疑的汙點。

**噢，這些作弊者!!!**

1904 年美國選手**弗雷德里克·洛茲**贏得奧林匹克運動會馬拉松比賽，他在跑了 25 公里後……開車抵達！他在領取獎牌前被揭穿，在一片噓聲中離開賽場。

1976 年奧林匹克運動會擊劍比賽中，蘇聯選手**鮑里斯·格里戈里耶維奇·奧尼申科**的劍，才剛觸碰到對手就出現紅光，引來對手大喊「犯規！」。經裁判檢查發現蘇聯選手劍上有一個可以隨意亮燈的開關。

2016 年比利時自行車手**芬柯·德雷斯切**在 23 歲以下組別的世界自行車越野錦標賽（Championnat du monde de cyclo-cross）被發現在自行車上安裝電動馬達，其他選手也被懷疑有一樣的行為，不過都沒有證據。沒被看到就不會被抓到！

**公平競爭(Être fair-play)**

運動場上：英文「fair」指「誠實、公正」，「play」指「遊戲」，所以「公平競爭（Être fair-play）」是指誠實比賽、尊重規則及對手。

日常生活中：要真誠，光明磊落。

# 運動員會賺很多錢？

以運動為職業賺錢，甚至賺取極為豐厚的收入並成名，這是很多年輕人的夢想！
不過要成為職業運動員並不簡單……

## 對我來說，這是熱情！

　　大部分的運動員都是業餘的：他們屬於某個俱樂部或團隊，接受訓練且參加比賽，但是並不以此維生。相反的，他們還要花錢運動，運動不是他們的職業。

## 非常富有卻鮮為人知的運動員：狄奧克勒斯

西元 2 世紀，有位有名的馬車駕駛員叫做狄奧克勒斯。他是古代的路易斯・漢米爾頓（身價過億的 F1 賽車手），他 24 年的職業生涯裡，在 4257 場比賽中贏得 1462 場勝利！每一次勝利他能贏得 60000 硬幣（古羅馬流通的硬幣），這是羅馬軍團士兵，一輩子薪水的兩倍！他的職業生涯總共贏得 3,600 萬硬幣，相當於 110 億歐元（約 3,850 億臺幣）。比當今最有錢的運動員還要有錢，例如籃球員麥可・喬丹、高爾夫球員老虎・伍茲或是拳擊手佛洛伊德・梅威瑟。

## 太專業了！

有些運動賽事就好像一場受歡迎的表演，例如：法國網球公開賽、法國足球甲級聯賽、一級方程式賽車、田徑鑽石聯賽……觀眾願意支付高價購買看臺的座位，電視臺也會轉播賽事，還有許多公司會爭相贊助。而且，為了有高水準的賽事，就必須要有最好的運動員。主辦方會透過高額獎金和出賽金的贊助，吸引優秀的運動員出賽，而這些專業運動員也會投注所有的熱情和時間！

## 需要幫助！

遺憾的是靠運動維生很辛苦：在法國有約一百萬持有執照的網球選手，卻只有少數人能依靠比賽維生。而且對於很少在媒體上曝光的運動來說，更是不可能的任務，例如射擊或彈翻床。因此法國發明了「高等運動員」制度：政府制定了一份有能力參加奧林匹克運動會或其他賽事的運動員名單，來資助他們訓練，並且協助尋找贊助商或合適的工作。在法國持有「高等運動員」執照的運動選手約有五千人，最具代表性的運動是田徑、滑雪、帆船、柔道、自行車、籃球和身心障礙者運動。

# 隱藏在賽車手背後的產業

在賽車等動力機械運動中，如果沒有汽車、摩托車或飛機，駕駛員就什麼都不是。為了製造機械，有時候需要花費很多人力與數百萬歐元，讓我們到最頂尖的一級方程式賽事，一探究竟。

**一級方程式賽車（F1）是：**

    **每年頒發兩個獎項：**一個獎項是最佳駕駛員，另一個獎項是最佳汽車製造商。

    **十支車隊**在賽道上比賽，每支車隊每年花費**數億歐元**。

讓我們出發吧！

## F1車隊是：

    **兩位駕駛：**他們是真正的運動員，在攝氏 50 度高溫的車廂裡承受極端的加速和煞車。他們的薪資每年高達 1,000 萬至 6,000 萬歐元（約 3 億 5,000 萬至 21 億臺幣）。

    **七十五位機械師和工程師**組成隊伍：在大獎賽（Grands Prix）期間，他們規劃戰術、調整賽程、更換輪胎等。

    **三百五十至一千兩百名員工**在遠離賽道的工廠裡畫汽車設計圖、製造汽車並且測驗車子性能。大型車隊自行研發引擎，小型車隊則是向大型車隊購買引擎。

嘆嘆嘆

**最奇怪的比賽：
我的豬從不缺席！**

從 1925 年開始，福特賽車抓豬賽 (Pig'n Ford Race) 每年都會在美國的蒂拉穆克舉辦。會由一頭豬擔任副駕駛，參賽者要駕駛福特 T（20 世紀初期的車款）繞賽道三圈。

每一圈結束，駕駛員必須停下來換另一隻小豬上場擔任副駕駛，第一位成功抵達豬圈者就是贏家。

## F1賽車是：

**10 秒**就可以從時速 0 加速到 300 公里！

每 100 公里耗費 **45 公升**的油，是一般汽車的六倍，一點都不環保！不過汙染最嚴重的還是將車隊的賽車從一個賽道運送到另一個賽道，要花費 1,200 萬歐元（約 4 億 2,000 萬臺幣），其中 1,000 萬歐元（約 3 億 5,000 萬臺幣）就為了一顆電動馬達。

## F1賽道是：

平均**長度 5 公里**，賽車手須完成約六十圈，即 300 公里。全世界有**二十四條賽道**同時進行爭奪冠軍，每場賽事有**九千萬名觀眾**守在電視機前觀看。

加油!!!
再快一點

哇！你看，
是一隻豬！

ya!

### 處於領先位置
### (Être en pole position)

運動場上：世界第一場賽車比賽於 1896 年在美國的賽馬場舉行，賽車比賽沿用了部分的賽馬詞彙，例如：車隊（馬廄）、大獎賽、圍場、熱身或頭位等。在起跑線上，頭位是最好的位置，在排位賽中通常由最快的車手占據。

日常生活中：處於領導地位且占據有利位置。

# 各式各樣的獎盃

站上頒獎臺接過屬於勝利者的獎盃並高舉獎盃，這是所有運動員的夢想！不過，有些獎盃形狀很奇怪……

## 灰燼杯

1882 年，澳洲板球隊在板球對抗賽中贏了英國，當地一家報社刊登了諷刺十足的「訃聞」，宣稱英國板球已經「死亡」：「他們的骨灰將被帶到澳洲。」。

隔年雙方再度交手，這次英國板球隊復仇成功，而澳洲人很樂意送他們一個用陶土做的甕，裡面裝滿灰燼。所以這項比賽取名為「灰燼杯（The Ashes）」，而獎盃當然就是骨灰罈。

## 黃衫

從 1919 年開始，環法自行車賽中，每站時間成績最短的選手會穿著黃衫，因為黃色是《汽車報》的代表色，它是組織環法自行車賽的創辦報業；而環義大利自行車賽則是粉紅衫，因為《米蘭體育報》的代表色是粉紅色。

### 最隨便的獎盃：木湯匙

在六國橄欖球錦標賽中，頒發給最後一名隊伍的獎勵是一隻木湯匙。幸運的是，這隻木湯匙是虛擬的，不會在現實生活中得到。

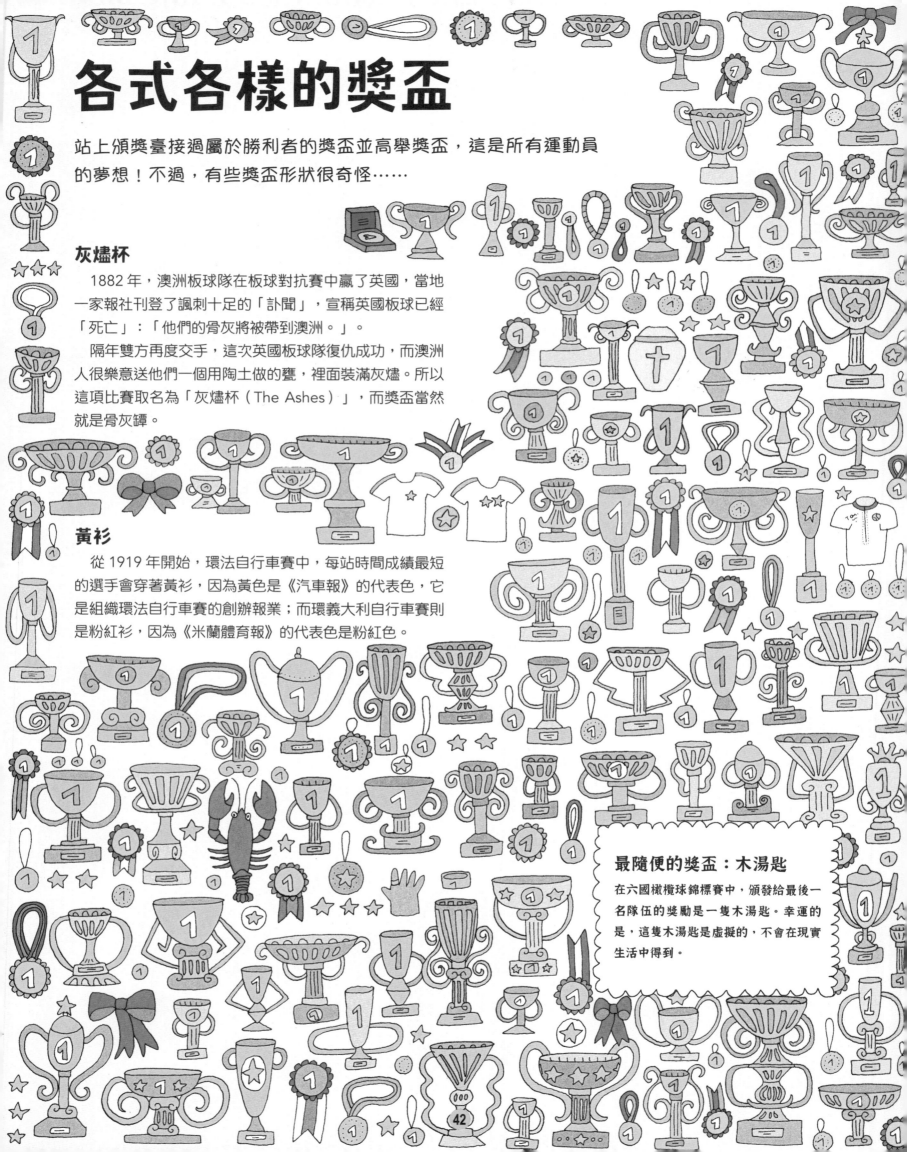

## 一顆星星

國家足球隊有權穿上印有星星的球衣，星星代表的是他們贏得世界盃的次數。但是為什麼烏拉圭只贏兩次冠軍，球衣上卻印有四顆星星？因為在 1930 年世界盃足球賽出現之前，烏拉圭曾獲得 1924 年和 1928 年的奧運會足球冠軍，因此世界足球總會多授予他們兩顆星星。

## 一枚戒指

每一年，美國 NBA 獲勝隊的球員會收到一枚鑲著鑽石的金戒指，上面刻有他們的名字和隊徽，這顆鑽石的平均價格約 2 萬美金（約 60 萬臺幣）。

## 一隻活龍蝦

全國汽車運動競賽在美國各地不同的賽道上舉行，獎盃非常獨特：在勞登是一隻活龍蝦、在馬丁斯維爾鎮則是老爺鐘、到納許維爾鎮則是電吉他、德州是牛仔靴……

註：法文「un carton」字面意思為「一個紙箱」。作諺語使用在運動場合也有「命中目標」的意思。

### 命中目標
### (Faire un carton)

運動場上：步槍或手槍射擊到靶心。

日常生活中：取得重大成功或表現非常出色。

# 誰最偉大？

當每項運動出現讓人期待的新面孔時，就會有人提出疑問：他會是有史以來最厲害的嗎？不過比較不同時代的運動員，就如同拿達文西跟畢卡索來比較一樣，這是不可能的！

## 誰的獎盃最多？

誰是最偉大足球員：比利、梅西還是C羅？比利從來沒有拿過年度最佳球員，相反的梅西和C羅都有拿過，這很正常！

在1941年前，只有歐洲足球員有資格獲得年度最佳球員獎。作為巴西人，比利沒有任何機會……不過也因為身為巴西人，比利有機會加入世上最強球隊，這支球隊奪得三次世界盃冠軍。相比之下，阿根廷的梅西只贏得一次，葡萄牙的C羅一次也沒有。所以，比較獎盃數量沒有太大意義……

## 誰最有特色？

羅傑·費德勒、拉斐爾·納達爾和諾瓦克·喬科維奇是同一時期的網球選手，成績也相當。不過他們的特色各有不同：費德勒以精準發球、優雅、網前擊球著稱；納達爾以在球場後方強力正手上旋球聞名；喬科維奇則是打出一場完整、具侵略性且精準的球賽。誰的特色最厲害？並沒有，他們都有各自的球迷。偏愛某位運動員或某項運動……首先呢，這是喜好問題，而這也就是運動之所以豐富性高又迷人的原因！

### 最不可思議的冠軍：羅伯特·馬尚

2017年，自行車手羅伯特·馬尚用了55分鐘騎完23公里，他因此成為105歲以上組別的冠軍！國際自行車總會特別為他創立了這個組別，在這組裡他是唯一的參賽者。

**展示（Épater la galerie）**

運動場上：在以前，網球比賽的觀眾席被稱作「畫廊」，因此「展示」指的是讓坐在觀眾席上被球手的球技驚豔的意思。

日常生活中：展現出自己最好的一面，吸引他人目光。

最偉大的運動員

他是最偉大的運動員嗎？

不確定他是不是最偉大的，但他絕對是最巨大的！

哇，你看，最厲害的運動員！

這腳踝……？

哇！

**運動員退休後……**

運動員的職業生涯通常很短暫，當他們退役後會做什麼？來看看幾個例子：

· **愛德華·伊根**：1920年奧林匹克運動會拳擊冠軍，二十年後成為冬季奧林匹克運動會有舵雪橇冠軍。這沒什麼！

· **蘿拉·弗萊塞爾**：擊劍奧林匹克運動會冠軍，現職為體育部長。

· **巨石強森**：職業摔角選手，現在是特技、肌肉演員。

· **米舍利娜·奧斯特梅耶**：奧林匹克運動會田徑冠軍，現為音樂會的鋼琴演奏家。

· **勒內·拉科斯特**：網球選手，退休後是某服飾品牌的工程師兼創辦人。

· **席琳·熱羅**：柔道世界亞軍，現為體育主播。

· **雅尼克·諾阿**：網球選手，退休後是知名歌手。